垂直思考(すいちょくしこう) × 水平思考(すいへいしこう)

あたまのたいそう ドリル

北村良子

JN049918

はじめに

　本書を手に取っていただき、ありがとうございます。

　学校教育において思考力が重要視されるようになり、特にロジカルシンキング（論理的思考力）が注目されています。ロジカルシンキングとは、正しいことを積み上げていくことで結論にたどり着く思考法で、「垂直思考」とも呼ばれています。例えば、算数のテストの問題を考えるとき、与えられた情報から正しく式を組み立て、そこから答えを導き出すためには、この垂直思考が欠かせません。この力は、あらゆる教科において、きっちり理解をしながら勉強を積み上げていくための心強い味方です。

　一方で、垂直思考だけでは行き詰まる問題が世の中にはあふれています。そんなときは、発想の転換や、見方を変えて考えることが大切です。また、思いがけない組み合わせからさまざまな発見が日々生まれていますが、これも垂直思考だけでは生まれません。これらを可能にしているのは、ラテラルシンキングという自由に考えを広げていく思考法です。先ほどの垂直思考に対して、「水平思考」と呼ばれています。常識を疑ったり、先入観を排除したりと、柔軟な思考を身につけるためには、思考をヨコに広げる水平思考の力が重要です。

垂直思考でタテに思考を深め、水平思考でヨコに思考を広げる。この２つの能力をまんべんなく伸ばしていこうという意図で、本書を作りました。垂直思考の問題、水平思考の問題に分かれていますが、どの問題も片方の力だけを使うわけではありません。また、それぞれの力を伸ばすために役立つ問題も収録しています。

　垂直思考も水平思考も、さまざまな問題に触れ、経験値を増やしていくことで強化することができます。それぞれのパズルに対して、「この問題はどう解けばいいだろう？」と考えることで、脳は小さな発見を重ねていくことができます。これが脳の中にたくさんの「答えにたどり着くための武器」を作っていくことにつながります。この武器は学校や日常のさまざまな場面で発揮され、思考を助けてくれます。きっと考えることが好きになっていくでしょう。

　さあ、本書を盛り上げてくれるロジオとラテピーといっしょに、パズルを楽しみましょう。

北村良子

「ブレーン・ジム」へようこそ！

ここは、とある星の「ブレーン・ジム」。
問題を解くことで、あたまのたいそうをする場所だ。

このジムには、ふたりの大人気トレーナーがいた。
その名も、**ロジオ&ラテピー**。

ふたりのもとでトレーニングをしたいと、
星じゅうからたくさんの生きものが集まっていた。

ロジオは、
かしこくあたまをきたえるトレーナー。

「垂直思考」をのばしたいなら、
わたしにおまかせ！

ロジオ

垂直思考とは？

階段を上るように、思考を積み上げていく思考法。直線的
に正しいことをつなげていき、いち早く結論にたどり着く
ことができるよ。「Aは正しい→Aが正しいならBは正しい
→Bが正しいならCは正しい」と正しいことをつなげてい
けば、たどり着いた答えも正しいはず、という考え方だ。
正しいことを正しくつなげていき、答えを出すよ。

結論

垂直思考ができるようになると、
学校や生活の中のいろいろな課題に
対して、「なんとなく」ではなく
「こうだからこうなんだ」という裏付け
のある考え方ができるようになるよ！

そして、間違いを減らしたり、
より確かな答えを手に入れたり、
説得力のある説明が
できるようになったりするんだ。

ラテピーは、
感覚的にあたまをきたえるトレーナー。

「水平思考」をのばしたいなら、
ボクにおまかせ！

ラテピー

水平思考とは？

フロアを歩き回るように、思考を広げていく思考法。
そうすることで、新しいアイデアを導き出すことができ
るよ。自由な思考をじゃまする、「今までこうだったから」と
か「普通はこうだから」といった考え方をできるだけあた
まの中から追い出すことが大切。物事をさまざまな視点か
ら見て、パッとひらめいて答えを出す考え方なんだ。

水平思考ができるようになると、
今までの経験から得たたくさんの記憶の
中から、いくつかの記憶が結びつき、
パッと新しいアイデアを生み出すことが
できるよ！

そして、視野が広がったり、想像力を
引き出したり、当たり前のことを
ふと疑えるようになったりするんだ。

垂直思考（すいちょくしこう）と水平思考（すいへいしこう）が両方（りょうほう）できると、最強（さいきょう）になれるんだ！

なぜなら、垂直思考（すいちょくしこう）ばかりにかたよった考え方（かんがえかた）をしていると、

新（あたら）しい発想（はっそう）がむずかしくなり、視野（しや）がせまくなってしまう。

水平思考（すいへいしこう）ばかりにかたよった考え方（かんがえかた）をしていると、

説得力（せっとくりょく）のない説明（せつめい）をして、相手（あいて）を困（こま）らせてしまう。

両方（りょうほう）をバランスよくきたえていくことで、
脳全体（のうぜんたい）を使（つか）った思考（しこう）ができるようになるよ！

このドリルでは、
おもに垂直思考（すいちょくしこう）を使（つか）う問題（もんだい）と
おもに水平思考（すいへいしこう）を使（つか）う問題（もんだい）を
50問（もん）ずつ出題（しゅつだい）しているよ。

いろいろな問題（もんだい）を解（と）くことで
あたまのたいそうになり、
脳（のう）の力（ちから）をしっかりと引（ひ）き出（だ）せるようになる。
さぁ、キミもいっしょにきたえよう！

もくじ

レベル ① さいしょの問題［全20問］ ………………………… 013

レベル 4 むずかしい問題 [全20問] ……………… 079

このドリルの使い方

左のページには垂直思考、右のページには水平思考を軸に考える問題がのっているよ。交互に解いてもいいし、まずは垂直思考のページだけ、または水平思考のページだけを解いてもいい。キミがやりやすいほうで進めてね！

ここに問題レベルが書いてあるよ。

垂直思考の問題

水平思考の問題

問題番号

問題番号

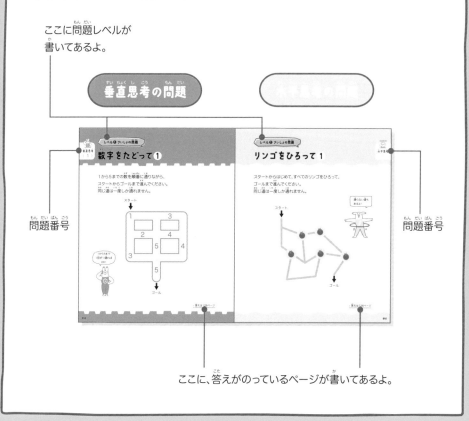

ここに、答えがのっているページが書いてあるよ。

レベル

1

さいしょの問題

(全20問)

レベル **1** さいしょの問題

数字をたどって **1**

1から5までの数を順番に通りながら、
スタートからゴールまで進んでください。
同じ道は一度しか通れません。

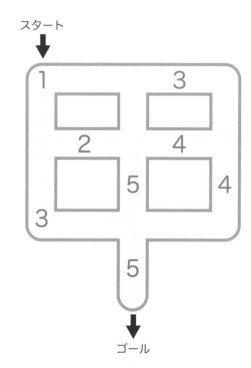

1から5まで
1回ずつ通れば
OK!

▶答えは126ページ

レベル❶ さいしょの問題

リンゴをひろって ①

スタートからはじめて、すべてのリンゴをひろって、
ゴールまで進んでください。
同じ道は一度しか通れません。

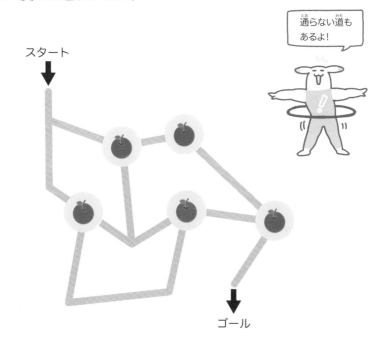

通らない道も
あるよ！

答えは126ページ

みんなの席 ①

丸いテーブルに3人が座っています。
誰がどこに座っているかを答えてください。

・マサヤの左どなりには、マユカがいます。
・リンの左どなりには、マサヤがいます。

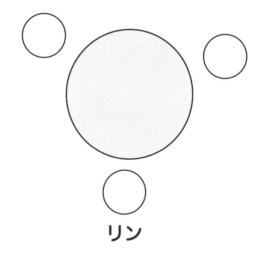

リン

▶答えは126ページ

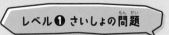

中央に何が入る？ 1

タテに読んでもヨコに読んでも、3文字の言葉になるように ? に1文字入れてください。

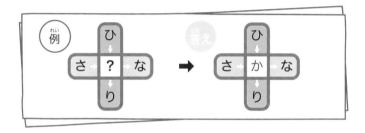

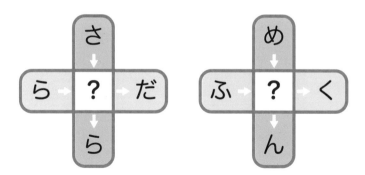

▶答えは126ページ

017

レベル❶ さいしょの問題

なかまむすび❶

同じマークどうしを線でつないでください。
ただし、1つのマスは1回しか通れません。

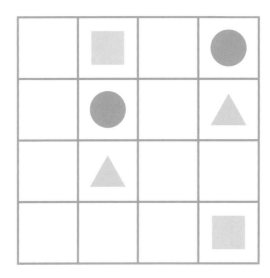

▶答えは126ページ

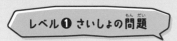

全部くっつけよう①

すべての●を、テープでくっつけてください。

テープを重ねたり、マスからはみ出したりしないようにしましょう。

テープは左右に回転させてもいいですが、うらがえすとくっつきません。

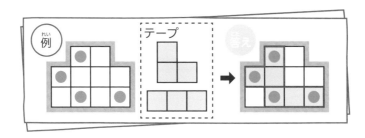

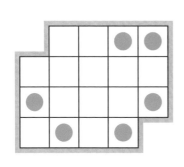

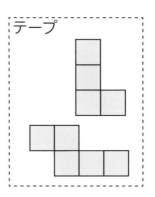

▶答えは126ページ

レベル❶ さいしょの問題

しりとりであまるのは？❶

しりとりのルールでつないだとき、
1つだけあまるのはどれでしょうか。

だんご

らくだ

らっぱ

えびふらい

いくら

▶答えは126ページ

空いているマスに入る絵❶

同じ形（◯）だけでできた絵があります。
中央に入るのはどれでしょうか。

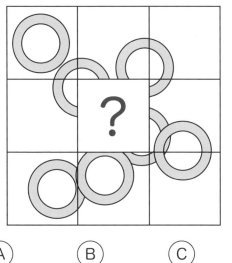

Ⓐ 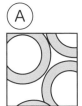　　Ⓑ 　　Ⓒ

▶答えは126ページ

レベル❶ さいしょの問題

数の合計が同じ！❶

2つの円の中にある数の合計が同じになるように、
[____]の中にある数を、円の中に入れてください。
ただし、数は1つあまります。

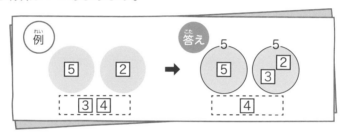

例 → 答え

①

| 2 |
| 5 | 3 |

1 2 6

②

8 4

2 3 8 10

▶答えは126ページ

レベル❶ さいしょの問題

ひらがなパズル ①

◯の中の4ピースを組み合わせて、ひらがなを作ってください。
できたひらがなを並べると、なんという言葉になりますか。

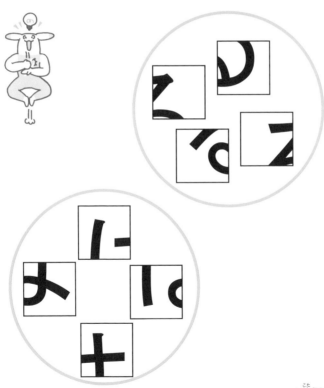

▶答えは126ページ

レベル **1** さいしょの問題

数字をたどって **2**

1から5までの数を順番に通りながら、
スタートからゴールまで進んでください。
同じ道は一度しか通れません。

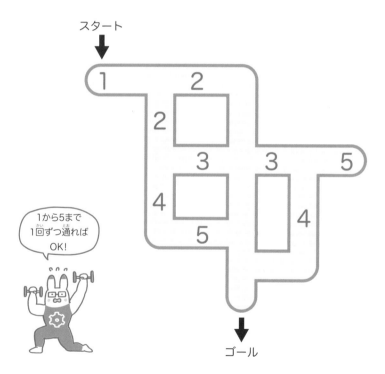

1から5まで
1回ずつ通れば
OK!

▶答えは127ページ

カード重ねパズル1

Ⓐ～Ⓒの3枚のカードを重ねると、「重ねたもの」のようになりました。
白い部分は透明です。どの順番で重ねたでしょうか。
下から順に1・2・3と書いてください。

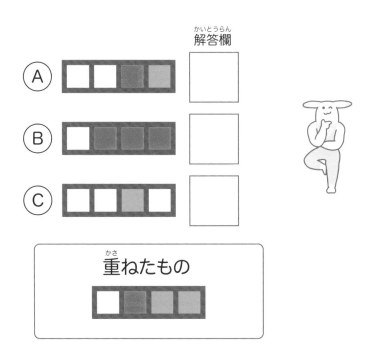

解答欄

重ねたもの

▶答えは127ページ

レベル❶ さいしょの問題

カードはどう並んでいる？ ❶

カードを並べてうらがえした後、何度か入れかえをしました。
カードの並び順はどうなったでしょうか。

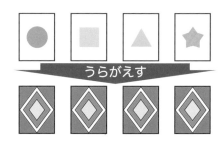

うらがえす

   　左から1番目と3番目を
入れかえる

   　左から1番目と4番目を
入れかえる

うらがえす

▶答えは127ページ

026

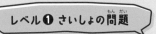

カギ穴パズル❶

①と②のカギ穴に合うカギはどれですか。

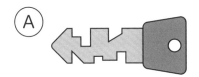

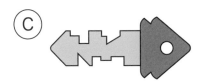

▶答えは127ページ

マークプレース❶

ルールの通りに、マスにマークを入れてください。

 ルール

・タテの列には3つのマークが1つずつ入ります。
・ヨコの列には3つのマークが1つずつ入ります。

3つのマーク…   ■

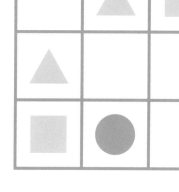

▶答えは127ページ

ひとふでがきパズル❶

★からスタートして、🌙まで進んでください。
すべての道を1回ずつ通ってください。
◯は何回でも通れます。

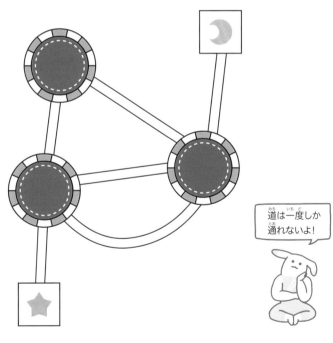

道は一度しか
通れないよ!

▶答えは127ページ

レベル❶ さいしょの問題

橋かけパズル❶

数字は、そこからいくつの橋（線）でつながっているかを表しています。
数字に合うように橋をかけてください。

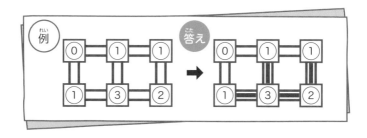

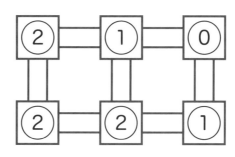

▶答えは127ページ

レベル**1** さいしょの問題

マッチ棒計算パズル **1**

マッチ棒を1本動かして、正しい式にしてください。

マッチ棒の数字

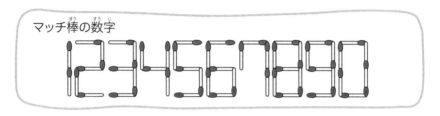

①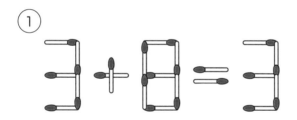

②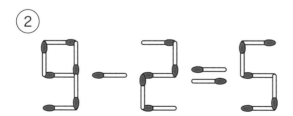

▶答えは127ページ

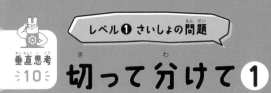

切って分けて ❶

垂直思考
10

点線の2か所に線を引いて、⭐が4個あるピースを作ってください。

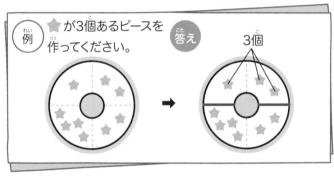

例 ⭐が3個あるピースを作ってください。

答え 3個

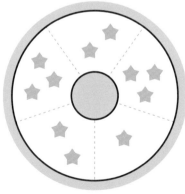

▶答えは127ページ

あみだくじパズル❶

あみだくじで、すべて同じマークのところにたどり着くようにするには、
Ⓐ〜Ⓓのどこに線を引けばいいでしょうか。
1か所を選んで線を引いてください。

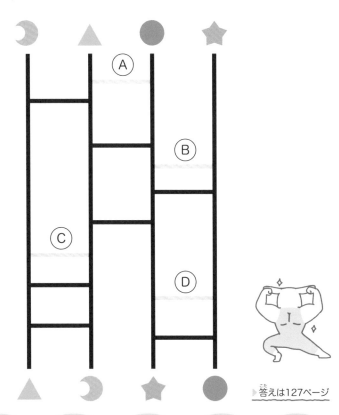

▶答えは127ページ

ミニミニ クロスワードパズル

タテ、ヨコに言葉を入れて、クロスワードを完成させてください。
すでに入っている文字は、そのまま使ってください。
いろいろな答えがあります。たくさん作ってみましょう。

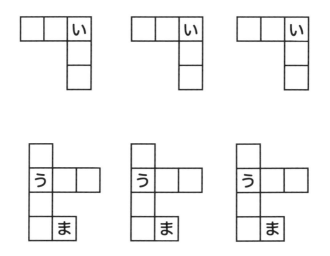

レベル 2

やさしい問題

(全20問)

レベル❷ やさしい問題

部屋分けパズル❶

ルールの通りに、いくつかの部屋にくぎってください。

ルール

数字はその部屋が何マスの部屋かを表しています。
部屋はすべて四角です。

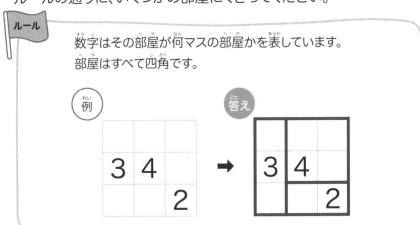

例

3	4	
		2

➡

答え

3	4	
		2

	2	
		3
	4	
	3	

▶答えは128ページ

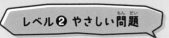

カギ穴パズル❷

①〜③のカギ穴に合うカギはどれですか。

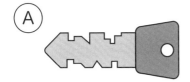

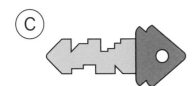

▶答えは128ページ

なかまむすび❷

同じマークどうしを線でつないでください。

ただし、1つのマスは1回しか通れません。

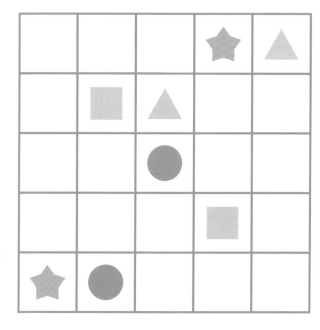

▶答えは128ページ

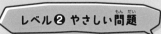

同じ文字入れパズル❶

□に同じ1文字を入れて言葉を作ってください。

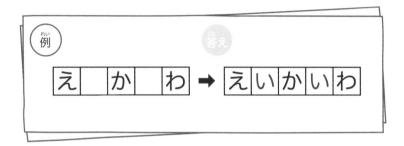

例　　　　　　　　　　答え

| え | か | わ | ➡ | え | い | か | い | わ |

①

| さ | | り | | しゃ |

②

| じ | | う | | あ |

▶答えは128ページ

レベル❷ やさしい問題

しりとりであまるのは？❷

しりとりのルールでつないだとき、
1つだけあまるのはどれでしょうか。

りんご

かざぐるま

すいか

ますく

くり

かみかざり

▶答えは128ページ

レベル❷ やさしい問題

3つ並んだらダメ！①

●と▲がタテ・ヨコ・ナナメに3つ続けて並ばないように
マスに●か▲を入れてください。

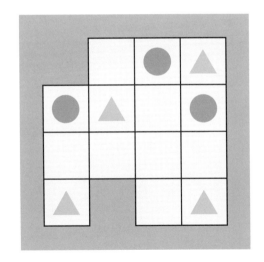

▶答えは128ページ

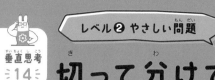
切って分けて❷

点線の2か所に線を引いて、⭐が7個あるピースを作ってください。

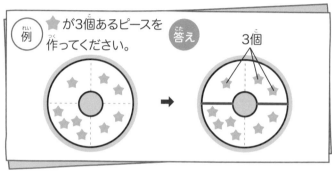

例 ⭐が3個あるピースを作ってください。

答え

3個

▶答えは128ページ

レベル**2** やさしい問題

中央に何が入る？**2**

タテに読んでもヨコに読んでも、3文字の言葉になるように
?に1文字入れてください。

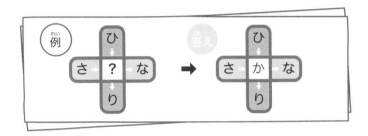

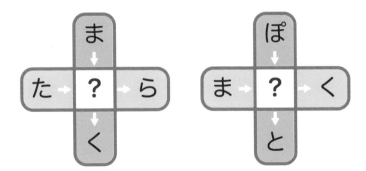

▶答えは128ページ

並んだ順番①

ミミ、ムム、メメの3人が並んでいます。
それぞれがどこに並んでいるのかを答えてください。

・ムムはメメの1つ前にいます。

・メメはミミとムムの間にいます。

前　　　　　　　　　　　　　　　　後ろ

▶答えは128ページ

重なり文字で言葉を作ろう❶

ひらがなが重なっています。
並べてできる言葉はなんですか。

例　テーマ：食べもの　　答え　もち

テーマ：形

▶答えは128ページ

レベル❷ やさしい問題

数字をたどって❸

1から5までの数を順番に通りながら、
スタートからゴールまで進んでください。
同じ道は一度しか通れません。

1から5まで
1回ずつ通れば
OK!

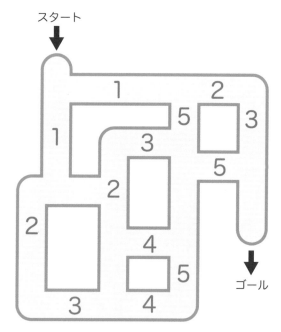

スタート

ゴール

▶答えは129ページ

切り取られたメッセージ ①

水平思考
16

カードを並べかえると問題文になります。
その答えはなんでしょう。

チバン

イヤ

ニホ

タカ

マハ？

ンデイ

▶答えは129ページ

レベル❷ やさしい問題

キャンディの形と味①

リンゴ味、いちご味、バナナ味のキャンディが1つずつあります。
どの形のキャンディが何味なのかを答えてください。

リンゴ味ではありません。

リンゴ味です。

バナナ味ではありません。

▶答えは129ページ

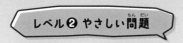

図形と法則 ①

絵が矢印の方向に変化していきます。
?に入るのは Ⓐ ～ Ⓓ のどれですか。

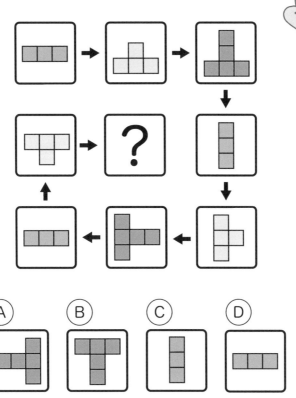

▶答えは129ページ

レベル❷ やさしい問題

マークプレース❷

ルールの通りに、マスにマークを入れてください。

 ルール

・タテの列には4つのマークが1つずつ入ります。
・ヨコの列には4つのマークが1つずつ入ります。

4つのマーク… ● ▲ ■ ★

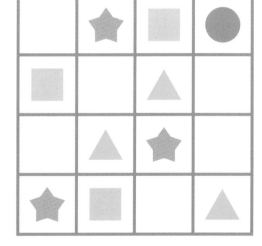

▶答えは129ページ

カード重ねパズル❷

Ⓐ〜Ⓒの3枚のカードを重ねると、「重ねたもの」のようになりました。
白い部分は透明です。どの順番で重ねたでしょうか。
下から順に1・2・3と書いてください。

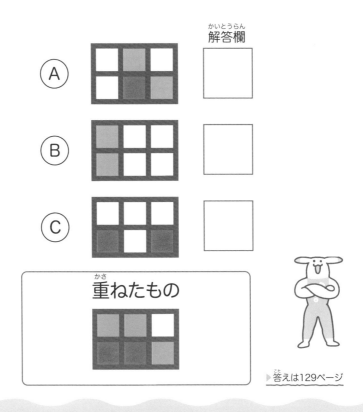

解答欄

▶答えは129ページ

大きい数・小さい数①

□の中に1と2と3を2個ずつ入れてください。

ルール

> ひらいている先にある数のほうが大きい数です。

例 1、2、3を1個ずつ入れてください。

答え

□ < □ < □ → 1 < 2 < 3

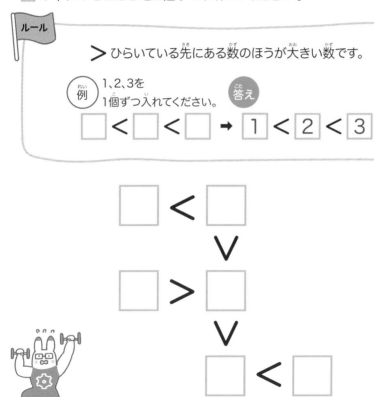

▶答えは129ページ

レベル**2** やさしい問題

スタールーム**1**

スター(⭐)をすべて部屋の中に入れて、部屋を作ってください。
緑色の太線はかならず使います。部屋のマス数は決められています。

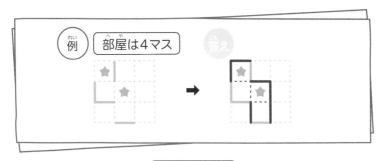

例 部屋は4マス

部屋は6マス

▶答えは129ページ

レベル❷ やさしい問題

グループパズル❶

同じグループに3つのマークが1つずつ入るように
線で分けてください。

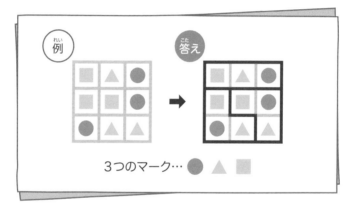

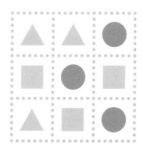

▶答えは129ページ

全部くっつけよう❷

すべての●をテープでくっつけてください。
テープを重ねたり、マスからはみ出したりしないようにしましょう。
テープは左右に回転させてもいいですが、うらがえすとくっつきません。

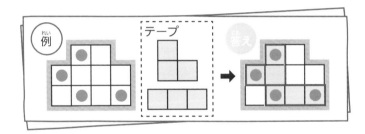

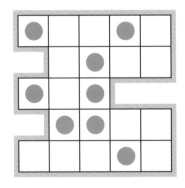

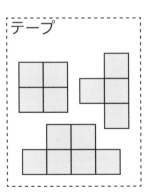

▶答えは129ページ

055

休けいコラム ②

言葉作りゲーム

文字を1回ずつ使って、言葉をたくさん作ってください。
あまる文字をできるだけ少なくしてください。

 ルール

- 小さくできる文字は小さくして使うことができます。
- 「 ゛」や「 ゜」を付けられる文字は付けて使うことができます。

例

た	ふ	っ	な
す	こ	ん	

 答え

だ	ふ	ぅ	な
ず	こ	ん	

たんす・こっぷ

あ　　い　　　ゆ　か　し　　く
た　　　　つ
ん　　ふ　　　さ　と　て　よ　ー
ー　　き　い　　さ　　　ん　し　ら
　　　や　　　み　　　　　ん
こ　　う　　　　ん　　ま　っ

レベル

3

ふつうの問題

（全20問）

レベル❸ ふつうの問題

箱の中身は何？①

白と青の箱があります。
箱にはものが1つ入っていて、名前が付いています。
ヒントを見て、それぞれの箱の中身と名前を答えてください。

ヒント

入っているもの　リンゴ・バナナ

名前　コルル・ポート

・青い箱に、バナナは入っていません。

・白い箱の名前はコルルです。

白い箱

青い箱

もの	
名前	

もの	
名前	

▶答えは130ページ

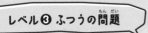

前から見ると？①

立っている人のほうから見た絵は、Ⓐ～Ⓒのどれですか。

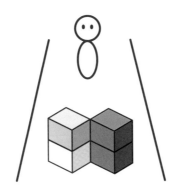

Ⓐ
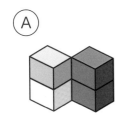

Ⓑ
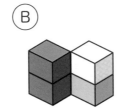

Ⓒ
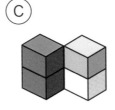

▶答えは130ページ

レベル❸ ふつうの問題

サイコロ飛び迷路❶

左上の赤マスからスタートして、右下の青マスまで進んでください。
マスにあるサイコロの目の数だけ
タテかヨコにジャンプして進みます。
まっすぐにしか進めませんが、同じ道を何度も通ることができます。
サイコロがないマスは行き止まりです。

ジャンプしたとき
間にあるサイコロマスを
飛びこえられるよ！

▶答えは130ページ

いらないピースはどれ？❶

見本の形を作るとき、いらないピースはどれですか。
ピースの向きが変わっているものもあります。

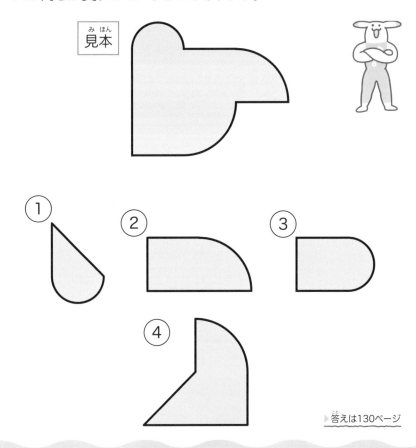

見本

① ② ③

④

▶答えは130ページ

レベル❸ ふつうの問題

みんなが食べた数①

8個あったキャラメルを、3人で全部食べました。
3人の発言から、誰がいくつ食べたのかを答えてください。

A　Cより2個少ないよ

B　Aと同じ数だけ食べたよ

C　一番多く食べたよ

▶答えは130ページ

レベル❸ ふつうの問題

4ワードクロス 1

言葉のカギをヒントに、①〜④がそれぞれ
4文字の言葉になるように空いているマスをうめてください。

> 言葉のカギ
> ① 丸い食べもの。
> ② 一週間。
> ③ 空に輝いています。
> ④ 動くために必要なもの。

	①		②
③		いよ	
	こ		い
	や		ー
④		んに	

ボクの④を
見て！

▶答えは130ページ

てんびんパズル❶

3つの重り（● ☾ ★）があります。
重い順に並べてください。

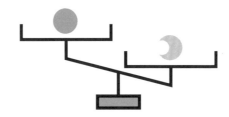

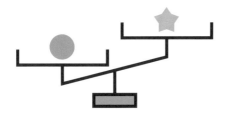

重い順に

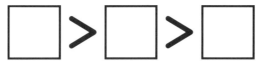

▶答えは130ページ

エリアタイル迷路 ①

タイルをタテかヨコに進みながらゴールを目指します。
太線で囲んだ枠の中では、赤と青のタイルを同じ数ずつ通ります。
タイルは1回ずつしか通れません。

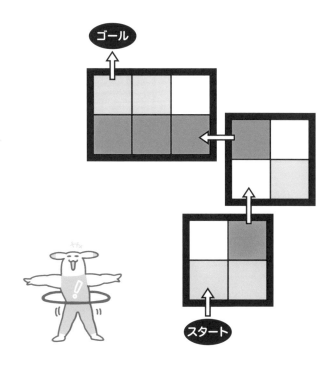

▶答えは130ページ

レベル❸ ふつうの問題

グループパズル❷

同じグループに4つのマークが1つずつ入るように
線で分けてください。

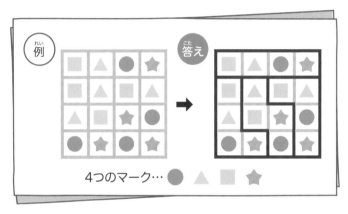

4つのマーク… ● ▲ ■ ★

▶答えは130ページ

レベル❸ ふつうの問題

マッチ棒計算パズル❷

マッチ棒を1本動かして、正しい式にしてください。

マッチ棒の数字

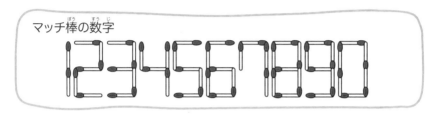

①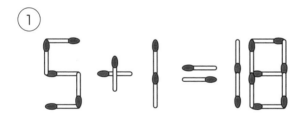

②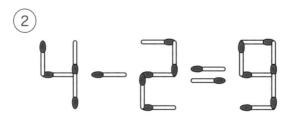

▶答えは130ページ

レベル❸ ふつうの問題

部屋分けパズル❷

ルールの通りに、いくつかの部屋にくぎってください。

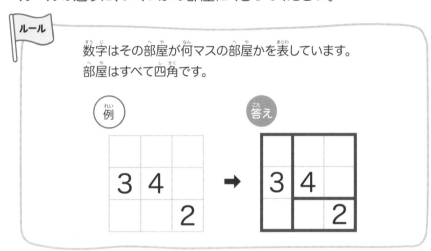

ルール

数字はその部屋が何マスの部屋かを表しています。
部屋はすべて四角です。

例 ➡ 答え

3	4	
		2

	6	
		3
	3	
2		2

▶答えは131ページ

リンゴをひろって ❷

スタートからはじめて、すべてのリンゴをひろって、
ゴールまで進んでください。
同じ道は一度しか通れません。

通らない
道もあるよ！

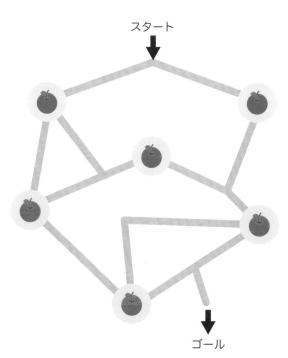

スタート

ゴール

▶答えは131ページ

色変えボタンパズル

ルールのようにマスの色が変わります。
ボタンをどの順番で押したのかを答えてください。
最初はすべて白マスです。

ルール

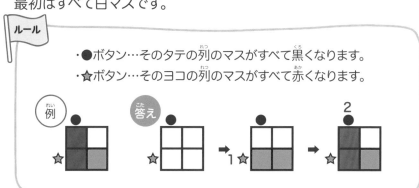

・●ボタン…そのタテの列のマスがすべて黒くなります。
・☆ボタン…そのヨコの列のマスがすべて赤くなります。

例

答え

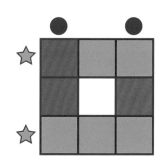

▶答えは131ページ

レベル❸ ふつうの問題

スタールーム❷

スター（⭐）をすべて部屋の中に入れて、部屋を作ってください。
緑色の太線はかならず使います。部屋のマス数は決められています。

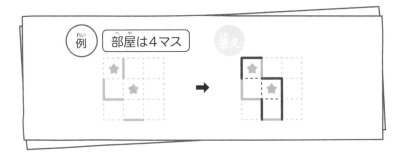

例　部屋は4マス　→　答え

部屋は7マス

▶答えは131ページ

カードはどう並んでいる？❷

カードを並べてうらがえした後、何度か入れかえをしました。
カードの並び順はどうなったでしょうか。

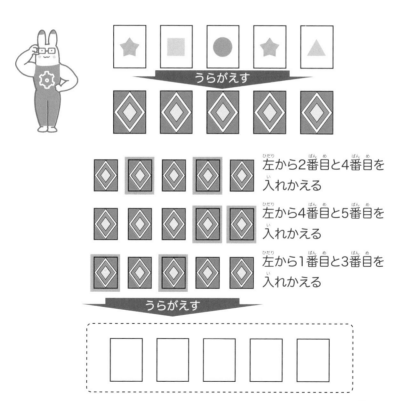

うらがえす

左から2番目と4番目を
入れかえる

左から4番目と5番目を
入れかえる

左から1番目と3番目を
入れかえる

うらがえす

▶答えは131ページ

穴の空いていない箱は何個？①

同じ大きさの箱が9個あります。
穴（●）は、全体をつらぬけるまで空いています。
穴が空いていない箱はいくつありますか。

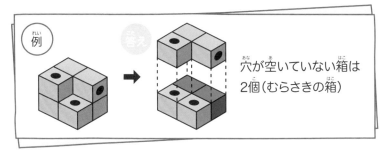

例 → 穴が空いていない箱は
2個（むらさきの箱）

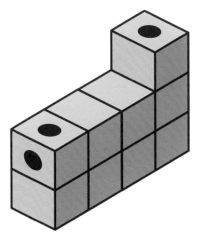

▶答えは131ページ

レベル❸ ふつうの問題

みんなの席❷

丸いテーブルに4人が座っています。
誰がどこに座っているかを答えてください。

・ショウタの右どなりには、リナがいます。
・リナの正面には、ヒカルがいます。

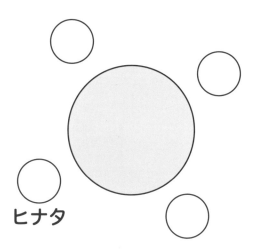

ヒナタ

▶答えは131ページ

ひらがなパズル❷

○の中の4ピースを組み合わせて、ひらがなを作ってください。
できたひらがなを並べると、なんという言葉になりますか。

おいしい
よね！

▶答えは131ページ

橋かけパズル❷

数字は、そこからいくつの橋(線)でつながっているかを表しています。
数字に合うように橋をかけてください。

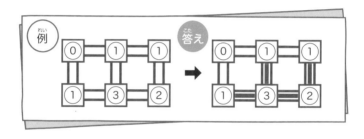

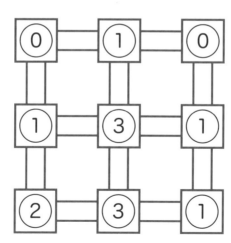

答えは131ページ

ひとふでがきパズル❷

水平思考

⭐からスタートして、🌙まで進んでください。
すべての道を1回ずつ通ってください。
⬤は何回でも通れます。

道は一度しか
通れないよ!

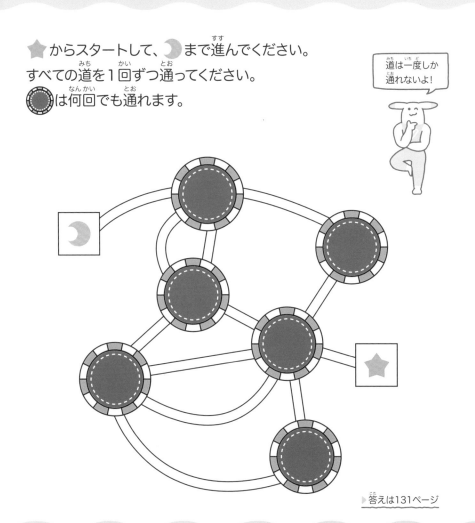

▶答えは131ページ

連想ゲーム

関連する言葉が線でつながるように
◯に言葉を入れてください。
足りない◯と線は自由に追加しましょう。

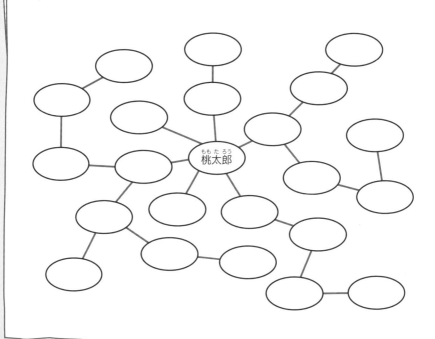

桃太郎

レベル

4

むずかしい問題

(全20問)

レベル❹ むずかしい問題

キャンディの形と味❷

ミカン味、ミルク味、チョコ味、ミント味のキャンディが
1つずつあります。
どの形のキャンディが何味なのかを答えてください。

ミント味ではありません。

ミルク味かチョコ味です。

ミカン味かミント味です。

ミルク味です。

▶答えは132ページ

レベル❹ むずかしい問題

空いているマスに入る絵❷

同じ形（△）だけでできた絵があります。
中央に入るのはどれでしょうか。
Ⓐ～Ⓒの絵の向きは変わっています。

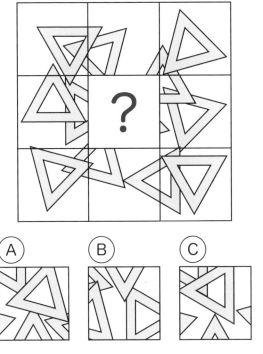

▶答えは132ページ

レベル❹ むずかしい問題

ABC に化けたひらがな ①

ひらがながアルファベットに変わってしまいました。同じひらがなは
同じアルファベットになっています。?に入る言葉はなんでしょうか。

◻◻◻の中に書かれているのはヒントです。

ヒントを頼りに言葉を想像してみましょう。

 解き方

A B | C A | D C ➡ A B | C A | D C
ごはん | にゃー | ゴーン   こめ | ねこ | かね

B D C = ? ➡ B D C = めがね

A B A − C

じゅわっとジューシー

D E F G

お寿司をつけるね

D E C A B

トースターでやこう

E D G F

授業の前の勉強

D B A B

試合で笛を鳴らす人

A	B	C	D	E	F	G

G F D E F = ?

▶答えは132ページ

同じ文字入れパズル**2**

□に同じ1文字を入れて言葉を作ってください。

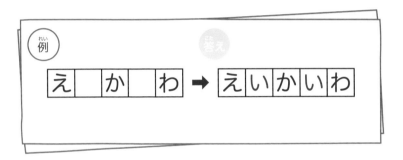

例 答え

| え | か | わ | → | え | い | か | い | わ |

①

| な | | た | | ご |

②

| | り | も | |

▶答えは132ページ

レベル❹ むずかしい問題

うそつきパズル ❶

3人のうち、1人だけが、うそをついています。
昨日の天気は晴れか雨、どちらでしょうか。

マユ：昨日はずっと晴れだった

タクミ：昨日はずっと雨だった

アリサ：タクミはうそをついていない

▶答えは132ページ

レベル④ むずかしい問題

エリアタイル迷路 2

タイルをタテかヨコに進みながらゴールを目指します。

太線で囲んだ枠の中では、赤と青のタイルを同じ数ずつ通ります。

タイルは1回ずつしか通れません。

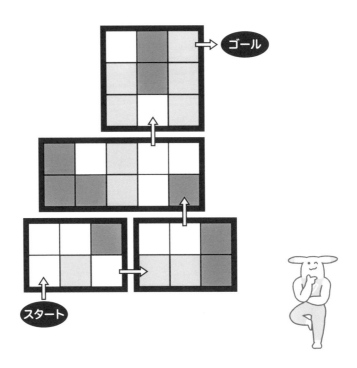

▶答えは132ページ

なかまむすび❸

同じマークどうしを線でつないでください。
ただし、1つのマスは1回しか通れません。

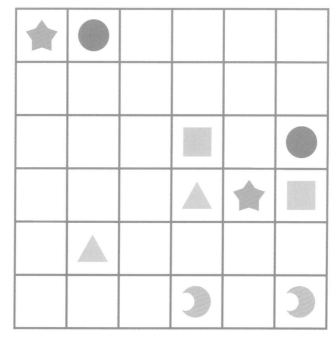

▶答えは132ページ

レベル❹ むずかしい問題

4ワードクロス❷

言葉のカギをヒントに、①〜④がそれぞれ
4文字の言葉になるように空いているマスをうめてください。

言葉のカギ

① ものを運びます。

② 高いほうがうれしい。

③ こんがりおいしい。

④ いろいろな色があります。

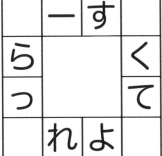

▶答えは132ページ

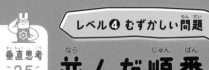

レベル❹ むずかしい問題

垂直思考 35

並んだ順番 ❷

ラン、リン、ルン、レン、ロンの5人が並んでいます。
それぞれがどこに並んでいるのかを答えてください。

・ランとレンの間には2人います。
・ロンの2つ前にリンがいます。
・ルンの1つ後ろにはランがいます。

前　　　　　　　　　　　　　　後ろ

▶答えは132ページ

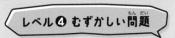

前から見ると？ 2

立っている人のほうから見た絵は、Ⓐ〜Ⓒのどれですか。

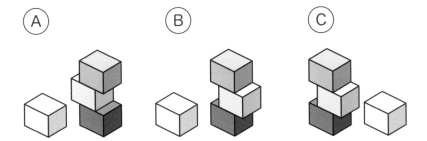

▶答えは132ページ

レベル❹ むずかしい問題

全マス通過迷路❶

すべてのマスを1回ずつ通って
スタートからゴールまで進んでください。
ナナメには進めません。

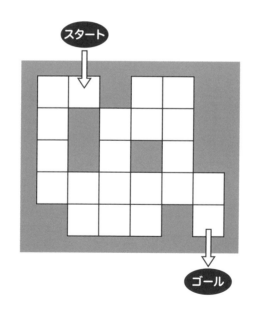

スタート

ゴール

▶答えは133ページ

じゃんけんパズル①

サクラとスミレがじゃんけんのカードを3枚ずつ持ち、
1枚ずつ出しながら3回勝負をしました。
あいこは一度もありませんでした。
勝ったのはどちらでしょうか。

サクラ

グー　チョキ　パー

スミレ

グー　チョキ　チョキ

▶答えは133ページ

レベル❹ むずかしい問題

マークプレース❸

ルールの通りに、マスにマークを入れてください。

 ルール

- タテの列には4つのマークが1つずつ入ります。
- ヨコの列には4つのマークが1つずつ入ります。

4つのマーク…

▶答えは133ページ

いらないピースはどれ？ ❷

見本の形を作るとき、いらないピースはどれですか。
ピースの向きが変わっているものもあります。

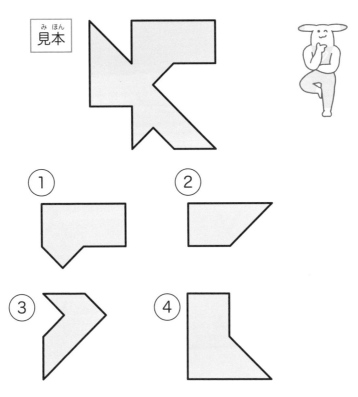

▶答えは133ページ

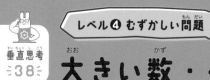

レベル❹ むずかしい問題

大きい数・小さい数 ❷

□の中に1と2と3を3個ずつ入れてください。

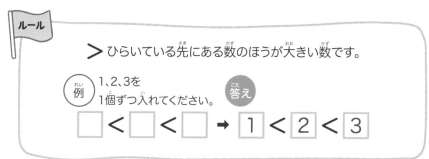

ルール

＞ ひらいている先にある数のほうが大きい数です。

例 1、2、3を
1個ずつ入れてください。

答え

□ ＜ □ ＜ □ ➡ 1 ＜ 2 ＜ 3

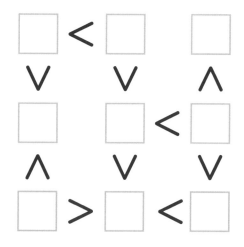

▶答えは133ページ

図形と法則 ②

水平思考
38

絵が矢印の方向に変化していきます。
?に入るのは Ⓐ～Ⓓ のどれですか。

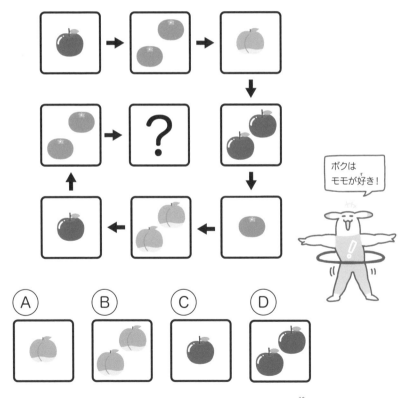

ボクは
モモが好き！

▶答えは133ページ

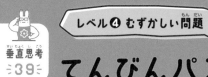
4つの重り(▲ ● ♥ ■)があります。
重い順に並べてください。

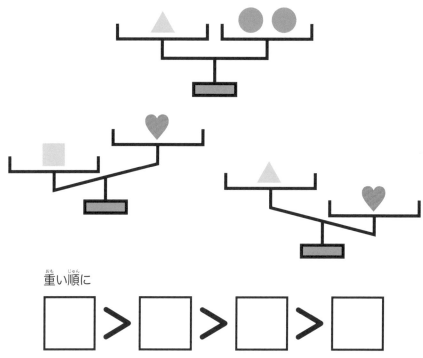

重い順に

⬜ > ⬜ > ⬜ > ⬜

▶答えは133ページ

あみだくじパズル❷

あみだくじで、すべて同じマークのところにたどり着くようにするには、
Ⓐ～Ⓔのどこに線を引けばいいでしょうか。
1か所を選んで線を引いてください。

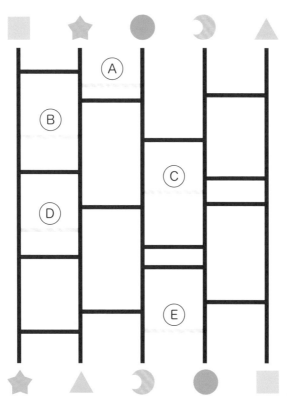

答えは133ページ

レベル❹ むずかしい問題

箱の中身は何？❷

黄色と白と赤の箱があります。

箱にはものが1つ入っていて、名前が付いています。

ヒントを見て、それぞれの箱の中身と名前を答えてください。

ヒント

入っているもの　クッキー・せんべい・マフィン

名前　テノ・タクラ・トート

・黄色い箱にはマフィンかせんべいが入っています。

・白い箱の名前はテノではありません。

・せんべいはタクラという名前の箱に入っています。

・赤い箱の名前はトートです。

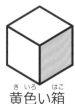
黄色い箱

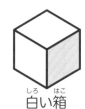
白い箱

赤い箱

もの
名前

もの
名前

もの
名前

▶答えは133ページ

全ひろい迷路 1

●→■→▲ の順でマークをひろいながら、
スタートからゴールまで進んでください。
同じ場所は一度しか通れません。

マークはすべてひろってください。

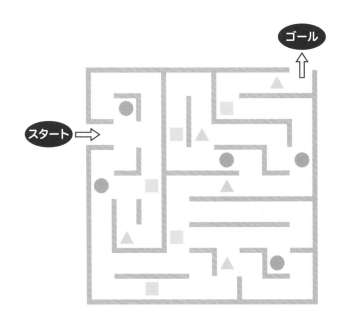

▶答えは133ページ

099

言葉つなぎゲーム

左の言葉から、連想できる言葉をつないで、右の言葉までたどり着いてください。

むずかしかったら□を足してもOKです。

例	春	大きい	青		春	時間	青
		桜	地球			季節	進む

りんご 　　　[　　　]　　　 やきいも

[　　　]　　　[　　　]

夏 　　　[　　　]　　　 白

[　　　]　　　[　　　]

レベル

5

超むずかしい問題

(全20問)

レベル⑤ 超むずかしい問題

数の合計が同じ！❷

2つの円の中にある数の合計が同じになるように、
┆ ┆の中にある数を、円の中に入れてください。
ただし、数は1つあまります。

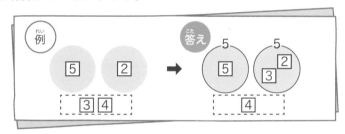

例 →　答え

5　　2

3　4

答え
5　　5
5　　2
　　3
4

①

6

1
4

1　3　6　10

むずかしかったら、
あまる数を1つずつ決めて
考えてみよう！

②

1

9

2　4　11　14　19

▶答えは134ページ

重なり文字で言葉を作ろう❷

水平思考
41

ひらがなが重なっています。
並べてできる言葉はなんですか。

例　テーマ：食べもの　　せい答え　もち

テーマ：花

▶答えは134ページ

103

垂直思考 42

レベル**5** 超むずかしい問題

マークプレース④

ルールの通りに、マスにマークを入れてください。

- ・タテの列には6つのマークが1つずつ入ります。
- ・ヨコの列には6つのマークが1つずつ入ります。
- ・ピンク色の太線の中には6つのマークが1つずつ入ります。

6つのマーク…

▶答えは134ページ

レベル❺ 超むずかしい問題

前から見ると？❸

立っている人のほうから見た絵は、Ⓐ〜Ⓒのどれですか。

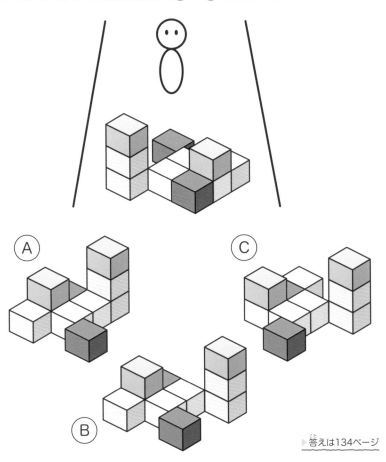

Ⓐ

Ⓒ

Ⓑ

▶答えは134ページ

部屋分けパズル**3**

ルールの通りに、いくつかの部屋にくぎってください。

 ルール

数字はその部屋が何マスの部屋かを表しています。
部屋はすべて四角です。

 例

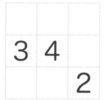

→ 答え

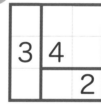

3			4
		5	3
2			
			3

▶答えは134ページ

●から出発して、すべての☆を1回ずつ通って

◆に行ってください。

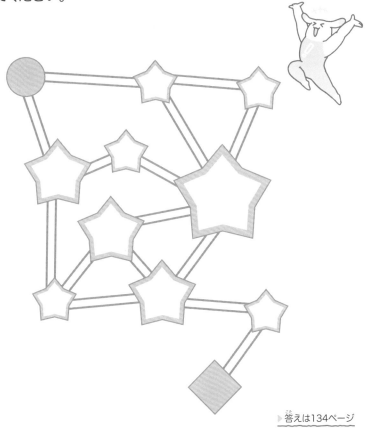

▶答えは134ページ

レベル**⑤** 超むずかしい問題

橋かけパズル**③**

数字は、そこからいくつの橋（線）でつながっているかを表しています。
数字に合うように橋をかけてください。

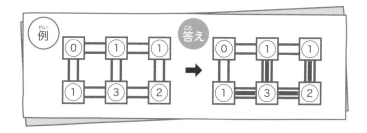

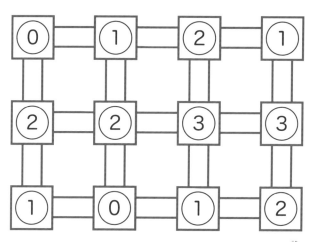

▶答えは134ページ

3つ並んだらダメ！2

●と▲がタテ・ヨコ・ナナメに3つ続けて並ばないように
マスに●か▲を入れてください。

ななめに
注意してね！

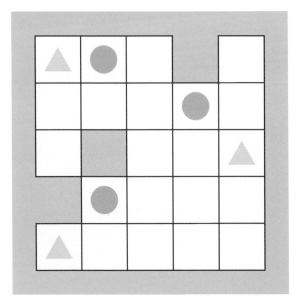

▶答えは134ページ

垂直思考
45

みんなが食べた数❷

12個あったキャラメルを、5人で全部食べました。
5人の発言から、誰がいくつ食べたのかを答えてください。

A Eより1個少ないよ

B Cより多く食べたよ

C 3個食べたよ

D Bの半分だけ食べたよ

E 5個以上食べた人はいないね

▶答えは134ページ

110

水平思考

リンゴをひろって ❸

スタートからはじめて、すべてのリンゴをひろって、
ゴールまで進んでください。
同じ道は一度しか通れません。

通らない道も
あるよ！

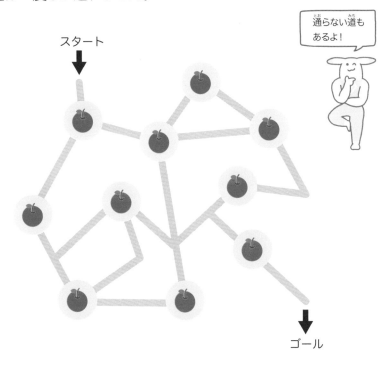

スタート

ゴール

▶答えは134ページ

レベル5 超むずかしい問題

ＡＢＣに化けたひらがな❷

ひらがながアルファベットに変わってしまいました。同じひらがなは同じアルファベットになっています。?に入る言葉はなんでしょうか。

▢の中に書かれているのはヒントです。

ヒントを頼りに言葉を想像してみましょう。

解き方

A B　C A　D C　➡　A B　C A　D C
　にゃー　ゴーン　　こ め　ねこ　かね

B D C = ?　➡　B D C = めがね

A B C
冷たくてあまい

A B D
じゃんけんで

E B D
イギリス人の言葉

C B E B
プール

D D A
茶色い飲みもの

F B D
たたいて音を出す

A	B	C	D	E	F

A B C = ?　　D F E = ?

▶答えは135ページ

切り取られたメッセージ❷

カードを並べかえると問題文になります。
その答えはなんでしょう。

エノマ	ワノマ

ナニ？	エノ	ウハ

ゲンゴ	レイ

▶答えは135ページ

サイコロ飛び迷路 ②

左上の赤マスからスタートして、右下の青マスまで進んでください。
マスにあるサイコロの目の数だけ
タテかヨコにジャンプして進みます。
まっすぐにしか進めませんが、同じ道を何度も通ることができます。
サイコロがないマスは行き止まりです。

ジャンプしたとき
間にあるサイコロマスを
飛びこえられるよ！

▶答えは135ページ

レベル5 超むずかしい問題

穴の空いていない箱は何個？❷

同じ大きさの箱が14個あります。

穴（●）は、全体をつらぬけるまで空いています。

穴が空いていない箱はいくつありますか。

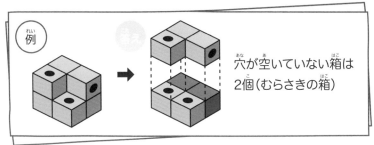

例 →

穴が空いていない箱は
2個（むらさきの箱）

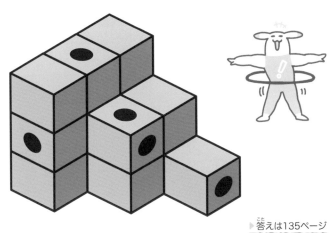

▶答えは135ページ

115

レベル **5** 超むずかしい問題

うそつきパズル ❷

3人のうち、1人だけが、うそをついています。
それは誰でしょうか。

レイナ　イズミはうそをついているね

リク　ボクはうそをついていないよ

イズミ　リクはうそをついているね

▶答えは135ページ

全ひろい迷路 2

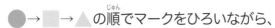 の順でマークをひろいながら、
スタートからゴールまで進んでください。
同じ場所は一度しか通れません。

マークはすべてひろってください。

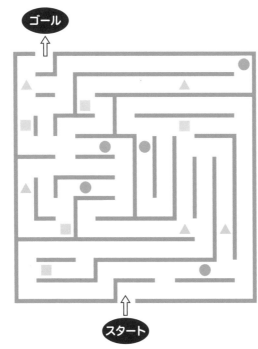

▶答えは135ページ

117

爆弾マスを探せ

ルールを読んで、爆弾マスをすべて探してください。

ルール

・数字は、となりあうマスにいくつ爆弾マスがあるかを表しています。
・数字のあるマスは、爆弾マスではありません。

まずは0の
まわりのマスに○を
入れよう！
爆弾マスには×を
入れよう！

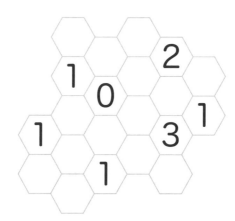

▶答えは135ページ

じゃんけんパズル**❷**

ダイキとマサルがじゃんけんのカードを5枚ずつ持ち、
1枚ずつ出しながら5回勝負をしました。
あいこは一度もありませんでした。
勝ったのはどちらでしょうか。

ダイキ

グー	グー	グー

チョキ	パー

マサル

グー	グー	チョキ

パー	パー

▶答えは135ページ

全マス通過迷路②

すべてのマスを1回ずつ通って
スタートからゴールまで進んでください。
ナナメには進めません。

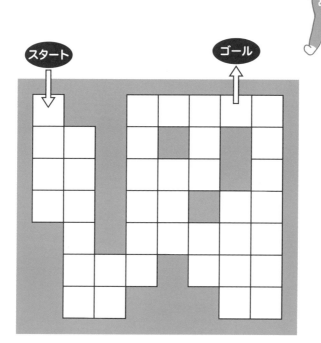

▶答えは135ページ

エリアタイル迷路❸

タイルをタテかヨコに進みながらゴールを目指します。

太線で囲んだ枠の中では、赤と青のタイルを同じ数ずつ通ります。

タイルは1回ずつしか通れません。

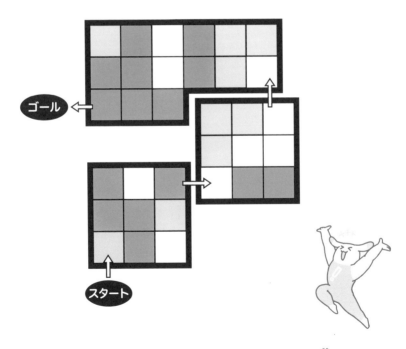

▶答えは135ページ

カタカナ禁止あそび

次の言葉を、カタカナ言葉を使わずに説明してください。

> 例
>
> **エコバッグ**
>
> （解答例）買ったものを入れる袋。
> 家から持っていきます。
>
> ※「レジ」「ビニール」「スーパー」などはカタカナなので使えません。

1. テレビ
2. ハンバーグ
3. スキップ
4. チョコレート

5. ドラマ
6. ゲーム
7. インターネット
8. ドローン

ほかにもカタカナ言葉を探してやってみましょう！
カタカナを使わずに説明して、
どのカタカナ言葉なのかを当ててもらうのも楽しいですよ。

答え

むずかしかったかな？
できた問題から
答えを見ていこう！

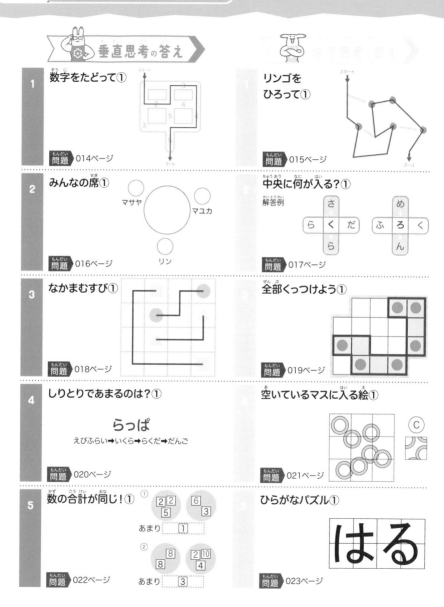

垂直思考の答え

1 数字をたどって①

問題 014ページ

2 みんなの席①

マサヤ　　マユカ

リン

問題 016ページ

3 なかまむすび①

問題 018ページ

4 しりとりであまるのは？①

らっぱ

えびふらい➡いくら➡らくだ➡だんご

問題 020ページ

5 数の合計が同じ！①

① 2 2 / 5　　6 / 3

あまり 1

② 8 / 8　　2 10 / 4

あまり 3

問題 022ページ

水平思考の答え

リンゴを
ひろって①

問題 015ページ

中央に何が入る？①

解答例

さ / ら く だ / ら

め / ふ ろ く / ん

問題 017ページ

全部くっつけよう①

問題 019ページ

空いているマスに入る絵①

C

問題 021ページ

ひらがなパズル①

はる

問題 023ページ

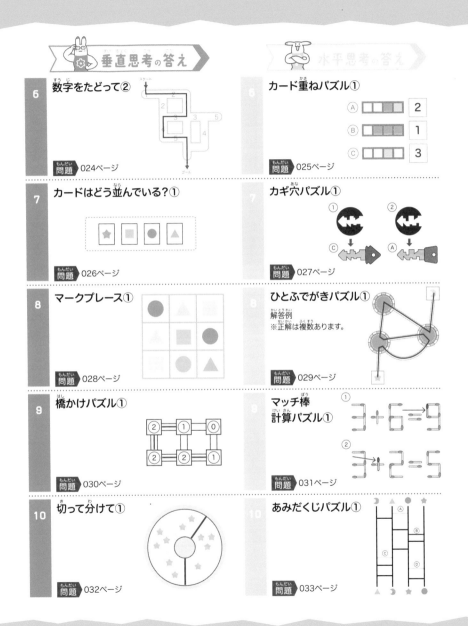

垂直思考の答え

6 数字をたどって②

問題 024ページ

7 カードはどう並んでいる？①

問題 026ページ

8 マークプレース①

問題 028ページ

9 橋かけパズル①

問題 030ページ

10 切って分けて①

問題 032ページ

水平思考の答え

6 カード重ねパズル①

Ⓐ 2
Ⓑ 1
Ⓒ 3

問題 025ページ

7 カギ穴パズル①

① Ⓒ
② Ⓐ

問題 027ページ

8 ひとふでがきパズル①

解答例
※正解は複数あります。

問題 029ページ

9 マッチ棒 計算パズル①

① 3 + 6 = 9
② 3 + 2 = 5

問題 031ページ

10 あみだくじパズル①

問題 033ページ

 垂直思考の答え

11 部屋分けパズル①

問題 036ページ

カギ穴パズル②

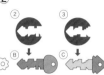

問題 037ページ

12 なかまむすび②

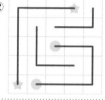

問題 038ページ

同じ文字入れパズル①

① さんりんしゃ

② じどうどあ

問題 039ページ

13 しりとりであまるのは？②

かみかざり

すいか➡かざぐるま➡ますく➡くり➡りんご

問題 040ページ

3つ並んだら ダメ！①

問題 041ページ

14 切って分けて②

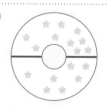

問題 042ページ

中央に何が入る？②

解答例

ま
た　い　ら
く

ぽ
ま　す　く
と

問題 043ページ

15 並んだ順番①

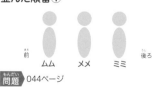

前　ムム　メメ　ミミ　後ろ

問題 044ページ

重なり文字で言葉を作ろう①

さんかく

問題 045ページ

128

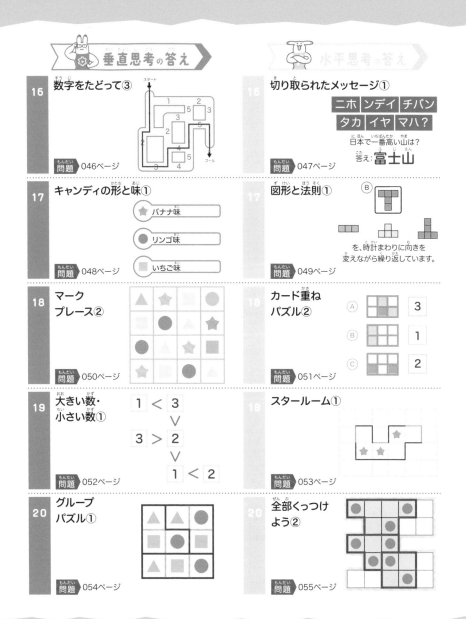

16　数字をたどって③

スタート
ゴール

問題 046ページ

16　切り取られたメッセージ①

| ニホ | ンデイ | チバン |
| タカ | イヤ | マハ？ |

日本で一番高い山は？
答え：富士山

問題 047ページ

17　キャンディの形と味①

★ バナナ味
● リンゴ味
■ いちご味

問題 048ページ

17　図形と法則①

Ⓑ

を、時計まわりに向きを
変えながら繰り返しています。

問題 049ページ

18　マークプレース②

問題 050ページ

18　カード重ねパズル②

Ⓐ　3
Ⓑ　1
Ⓒ　2

問題 051ページ

19　大きい数・小さい数①

$1 < 3$
$\lor$
$3 > 2$
$\lor$
$1 < 2$

問題 052ページ

18　スタールーム①

問題 053ページ

20　グループパズル①

問題 054ページ

20　全部くっつけよう②

問題 055ページ

 垂直思考の答え

 水平思考の答え

21 箱の中身は何?①

白い箱			青い箱	
もの	バナナ		もの	リンゴ
名前	コルル		名前	ポート

青い箱にバナナは入っていないので、青い箱に入っているのはリンゴです。

問題 058ページ

21 前から見ると?①

Ⓒ

問題 059ページ

22 サイコロ飛び迷路①

問題 060ページ

22 いらないピースはどれ?①

問題 061ページ

23 みんなが食べた数①

Ⓐ2個 Ⓑ2個 Ⓒ4個

Aの数を1とするとCは3個、Bは1個となり、合わせて5個です。Aの数を2とすると、Cは4個、Bは2個で合わせて8個になり、問題文に合います。

問題 062ページ

23 4ワードクロス①

問題 063ページ

24 てんびんパズル①

重い順に

🌙 > ● > ⭐

問題 064ページ

24 エリアタイル迷路①

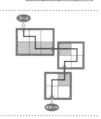

問題 065ページ

25 グループパズル②

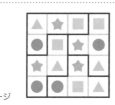

問題 066ページ

25 マッチ棒計算パズル②

問題 067ページ

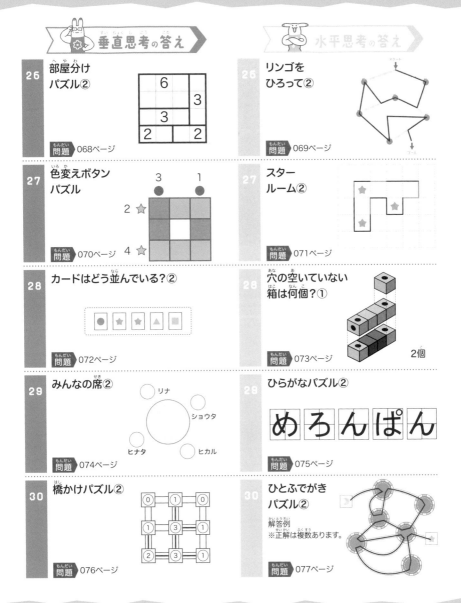

26 部屋分け
パズル②

問題 068ページ

26 リンゴを
ひろって②

スタート

ゴール

問題 069ページ

27 色変えボタン
パズル

3　　1

2 ☆
4 ☆

問題 070ページ

27 スター
ルーム②

問題 071ページ

28 カードはどう並んでいる？②

●　★　★　▲　■

問題 072ページ

28 穴の空いていない
箱は何個？①

2個

問題 073ページ

29 みんなの席②

リナ

ショウタ

ヒナタ　　ヒカル

問題 074ページ

29 ひらがなパズル②

め　ろ　ん　ぱ　ん

問題 075ページ

30 橋かけパズル②

問題 076ページ

30 ひとふでがき
パズル②

解答例
※正解は複数あります。

問題 077ページ

 垂直思考の答え

31 キャンディの形と味②

- ▲ ミカン味
- ● チョコ味
- ■ ミント味
- ♥ ミルク味

問題 080ページ

32 ABCに化けたひらがな①

ゆうしょう

A	B	C	D	E	F	G
は	ん	く	し	ょ	う	ゆ

問題 082ページ

33 うそつきパズル①

うそをついているのは　マユ

昨日の天気は雨
・アリサがうそをついている場合、タクミはうそをついていることになり、うそをついている人が2人になってしまう。
・アリサがうそをついていない場合、うそをついているのはマユ1人となる。

問題 084ページ

34 なかまむすび③

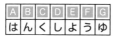

問題 086ページ

35 並んだ順番②

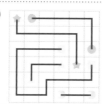
前 リン　レン　ロン　ルン　ラン 後ろ

問題 088ページ

水平思考の答え

31 空いているマスに入る絵②

  Ⓐ

問題 081ページ

32 同じ文字入れパズル②

① な ま た ま ご

② の り も の

問題 083ページ

33 エリアタイル迷路②

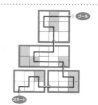

問題 085ページ

34 4ワードクロス②

① ②
③
と	ー	す	と
ら			く
っ			て
く	れ	よ	ん
④

問題 087ページ

35 前から見ると?②

Ⓐ

問題 089ページ

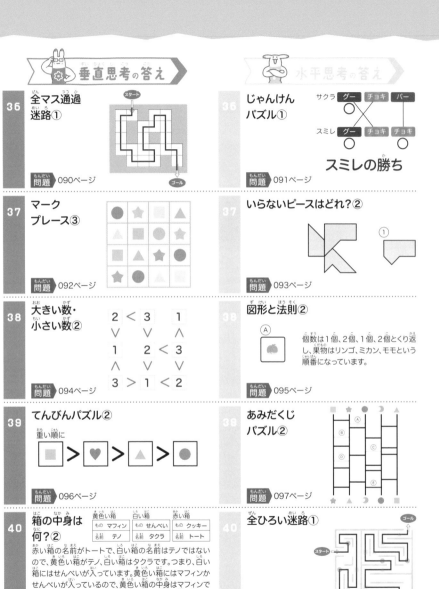

垂直思考の答え

36 全マス通過迷路①

問題 090ページ

37 マークプレース③

問題 092ページ

38 大きい数・小さい数②

2 < 3 　 1
∨ 　 ∨ 　 ∧
1 　 2 < 3
∧ 　 ∨ 　 ∨
3 > 1 < 2

問題 094ページ

39 てんびんパズル②

重い順に

■ > ♥ > ▲ > ●

問題 096ページ

40 箱の中身は何？②

黄色い箱		白い箱		赤い箱	
もの	マフィン	もの	せんべい	もの	クッキー
名前	テノ	名前	タクラ	名前	トート

赤い箱の名前がトートで、白い箱の名前はテノではないので、黄色い箱がテノ、白い箱はタクラです。つまり、白い箱にはせんべいが入っています。黄色い箱にはマフィンかせんべいが入っているので、黄色い箱の中身はマフィンです。残るクッキーは赤い箱に入っています。

問題 098ページ

水平思考の答え

36 じゃんけんパズル①

サクラ　グー　チョキ　パー
スミレ　グー　チョキ　チョキ

スミレの勝ち

問題 091ページ

37 いらないピースはどれ？②

①

問題 093ページ

38 図形と法則②

Ⓐ

個数は1個、2個、1個、2個とくり返し、果物はリンゴ、ミカン、モモという順番になっています。

問題 095ページ

39 あみだくじパズル②

問題 097ページ

40 全ひろい迷路①

問題 099ページ

垂直思考の答え

41 数の合計が同じ！②

① 6 6 / 3 6   1 1 / 4 10
あまり 1

② 1 11 / 2 14   9 9 / 19
あまり 4

問題 102ページ

42 マークプレース④

問題 104ページ

43 部屋分けパズル③

3 　 　 4
　 5 3 　
2 　 　 　
　 　 　 3

問題 106ページ

44 橋かけパズル③

0 - 1 - 2 - 1
2 - 2 - 3 - 3
1 - 0 - 1 - 2

問題 108ページ

45 みんなが食べた数②

Ⓐ1個 Ⓑ4個 Ⓒ3個 Ⓓ2個 Ⓔ2個

Ｃが３個で、５個以上食べた人はいないため、Ｃより多く食べたＢは４個となります。つまり、Ｄは２個です。
この３人で９個食べたので、残るキャラメルは３個です。
Ａの発言から、Ａが１個、Ｅが２個とわかります。

問題 110ページ

水平思考の答え

41 重なり文字で言葉を作ろう②

ちゅーりっぷ

問題 103ページ

42 前から見ると？③

Ⓑ

問題 105ページ

43 星めぐり迷路

問題 107ページ

44 3つ並んだらダメ！②

中央付近にナナメにある〇の間に△を入れます。ナナメかタテヨコをしっかり観察していくと、かならず〇か△に決まるマスがあります。じっくり観察することが大切です。

問題 109ページ

45 リンゴをひろって③

問題 111ページ